# RÉFLEXIONS

## SUR QUELQUES PARTIES

# DE NOTRE LÉGISLATION CIVILE.

On trouve chez le même Libraire les Ouvrages suivans :

CONSIDÉRATIONS SUR LE PRÊT A INTÉRÊT, par un Jurisconsulte, avec cette épigraphe :

> La nature des lois humaines est d'être soumises à tous les accidens qui arrivent, et de varier à mesure que les volontés des hommes changent ; au contraire, la nature des lois divines est de ne varier jamais.
>
> MONTESQUIEU, *Esprit des Lois*, liv. 26, chap. 2.

Imprimées, à Paris, chez Eberhart, en 1806.

TRADUCTION NOUVELLE DE LA VIE D'AGRICOLA, avec le texte en regard : 2e édition, augmentée d'une Carte des anciennes Iles Britanniques.

Imprimée chez Nicolle, en 1808.

# REFLEXIONS

## SUR QUELQUES PARTIES

## DE NOTRE LÉGISLATION CIVILE,

ENVISAGÉES

## SOUS LE RAPPORT DE LA RELIGION ET DE LA MORALE.

Le Mariage. — Le Divorce. — Les Enfans naturels. — L'adoption. — La puissance paternelle, etc.

PAR AMBROISE RENDU,

Avocat à la Cour Royale de Paris, Inspecteur-Général et Conseiller ordinaire de l'Université Royale de France.

A PARIS,

DE L'IMPR DE. J. M. EBERHART, IMP. DU COLLÉGE ROYAL DE FRANCE.

ET SE TROUVE

CHEZ NICOLLE, LIBRAIRE, RUE DE SEINE, N° 12.

JUILLET 1814.

# AVANT-PROPOS.

Le moment est venu de parler aux hommes un langage religieux, qui d'abord ne sera pas goûté du plus grand nombre, mais qui, entendu de ceux dont l'opinion et l'exemple font l'opinion publique, un jour peut-être, exercera une heureuse influence sur les choses humaines.

Non, ce ne sera pas en vain que la France, qui reste toujours, même après ses folies et ses malheurs, la reine des nations, aura subi de si terribles expériences. Ce ne sera pas en vain qu'elle aura tour à tour dans l'espace d'un siècle, et brillé du plus doux éclat sur la scène du monde, et menacé l'univers de l'affreux embrâsement qui l'allait elle-même engloutir.

Les fondemens de la terre ont été révélés, et qui n'a pas vu la main de Dieu qui les soutenait?

Qui n'a pas senti que l'anarchie avec toutes ses horreurs bouleverserait la nature entière, si ce puissant Monarque du ciel n'apparaissait à certains intervalles, par de grandes leçons, pour se faire reconnaître à ses sujets, rois et peuples ?

Il leur a fait la loi à tous d'une manière souveraine et digne de lui, comme parle Bossuet; et maintenant, qu'après de si grands coups de sa puissance, il paraît s'être retiré pour un temps dans le secret de sa majesté, quand tout rentre dans les voies ordinaires de sa providence, et qu'il remet de nouveau les hommes dans la main de leurs conseils, c'est aux hommes à mettre à profit l'intervalle qu'il leur laisse, pour marcher selon la vérité et la justice.

Nous croyons que la législation civile peut désormais être un des principaux instrumens de cette amélioration de nos mœurs, par son accord avec la législation religieuse; et cet accord, est tout à la fois plus étendu et plus facile qu'on ne l'a cru ou paru croire depuis trop long-temps.

On a voulu *séculariser la législation* (1), et l'on conviendra que le succès a été au-delà de toute espérance : peu s'en est fallu que la religion elle-même ne fût *sécularisée.*

Qu'on veuille au contraire *christianiser la législation*, si nous osons nous servir de ce terme, et le succès dépassera aussi, et plus glorieusement, toutes les espérances des hommes de bien.

Si quelqu'un s'étonnait de notre proposition, qu'il veuille bien considérer qu'après tout la législation religieuse et

(1) Expressions de M. Portalis, dans son discours sur le projet de loi relatif au mariage. M. Portalis était bien loin de vouloir les conséquences fâcheuses du principe qu'il posait alors. Il appartenait, par sa vie entière et par ses vertus, à une meilleure époque, et c'est un des hommes qu'on desire et qu'on cherche aujourd'hui, comme si nos regrets et nos vœux pouvaient nous rendre ceux qui avaient obtenu dans ces temps difficiles l'estime et l'affection générales.

la législation civile ont un même but, le perfectionnement de l'homme : elles doivent donc se rencontrer et concourir.

Au reste, cette doctrine n'est pas née de nos malheurs : elle leur doit seulement un nouveau prix et une force nouvelle.

Long-temps avant nous, celui des jurisconsultes Français qui a le mieux expliqué la législation des Romains, Domat, avait montré quels saints et nobles rapports unissent la loi humaine et la loi divine. Il avoit renfermé l'une et l'autre de ces lois dans les deux grands préceptes d'où découlent, comme d'une source mystérieuse et sacrée, tous les droits et tous les devoirs, l'amour de Dieu et l'amour des hommes.

Voici une idée de cette belle doctrine, qui est en même temps si simple et d'une si haute philosophie.

« Pour découvrir les premiers principes des lois, il faut supposer deux premières vérités qui ne sont que de simples définitions; l'une, que les lois de l'homme ne sont autre chose que les règles de sa conduite ; l'autre, que cette conduite n'est autre chose que les démarches de l'homme vers sa fin.

Ainsi, pour découvrir les premiers fondemens des lois de l'homme, il faut connaître qu'elle est sa fin.

Connaître la fin d'une chose, c'est savoir pourquoi elle est faite ; et l'on connaît pourquoi une chose est faite, si voyant comment elle est faite, on découvre à quoi sa structure peut se rapporter.

Nous savons, nous sentons tous que l'homme a une ame qui anime un corps, et que dans cette ame, il y a deux puissances, un entendement propre pour connaître, une volonté propre pour aimer. Nous voyons donc que c'est pour connaître et pour aimer que Dieu a fait l'homme; que c'est par conséquent pour s'unir à quelqu'objet dont la connaissance et l'amour doivent faire son repos et son bonheur ; et c'est vers cet objet que toutes ses démarches doivent le conduire. D'où il suit que la première loi de l'homme est sa destination à la recherche et à l'amour de cet objet qui doit être sa fin, et où il doit trouver sa félicité....

Or, cet objet, c'est Dieu même. Dieu seul est le principe de l'homme, Dieu seul est sa fin : il n'y a que Dieu qui puisse remplir le vide infini de cet esprit et de ce cœur qu'il a faits pour lui.

Cette constitution de l'homme formé pour connaître et pour aimer Dieu, est ce qui fait sa ressemblance à Dieu : et dans cette ressemblance, nous découvrons en quoi consiste la nature de l'homme, en quoi consiste sa religion, en quoi consiste sa première loi. Sa nature, c'est son être même créé à l'image de Dieu, et capable de posséder ce souverain bien. Sa religion, c'est la lumière et la voie qui le conduisent à ce bien suprême; et sa première loi, qui est l'esprit de sa religion, est celle qui lui commande la recherche et l'amour de ce même bien, vers lequel il doit s'élever de toutes les forces de son esprit et de son cœur.

Cette loi qui commande à l'homme la recherche et l'amour du souverain bien, étant commune à tous les hommes, elle en renferme une seconde qui les oblige à s'unir et à s'aimer entr'eux : car étant destinés à être unis dans la possession d'un bien unique, qui doit faire leur commune félicité, ils ne peuvent être dignes de cette union dans la possession de leur fin commune, s'ils ne commencent à se lier d'un amour mutuel dans la voie qui les y conduit. C'est pourquoi Dieu a fait dépendre cette dernière union qui doit faire leur bonheur, du bon usage de cette première union qui doit former leur société sur la terre.

Comme donc on voit dans la nature de l'homme sa destination au souverain bien, on y voit aussi sa destination à la société et les divers liens qui l'y engagent de toutes parts; et ces liens, qui sont des suites de la destination de l'homme à l'exercice des deux premierès lois, sont en même temps les fondemens du détail de tous ses devoirs, et les sources de toutes les lois » (1).

Tout ce que nous venons de lire se retrouve en substance dans ces deux pensées de Montesquieu : « Les lois, dans leur signification la plus étendue, sont les rapports nécessaires qui dérivent de la nature des choses, et dans ce sens, tous les êtres ont leurs lois.... cette loi qui, en imprimant dans nous-mêmes l'idée d'un créateur, nous porte vers lui, est la première des lois naturelles par son importance » (2).

Revenons franchement à ces grands principes, et que telle soit la gloire du 19e siècle. Assez long-temps une

---

(1) Domat, chap. 1er. du *Traité des Lois*, qui est en tête de son ouvrage sur les Lois civiles considérées dans leur ordre naturel.

(2) *Esprit des Lois*. Liv. 1, ch. 1 et 2. Montesquieu ajoute : *et non pas dans l'ordre de ces lois*. Montesquieu a raison, s'il a existé un état de nature sans loi religieuse ; mais cette triste et vaine chimère ne se reproduira plus. On ne voudra plus admettre d'effet sans cause et sans but.

fausse philosophie, enivrée d'orgueil et ambitieuse du néant, annonçant la lumière et versant les ténèbres, proclamant les progrès de l'esprit humain et le faisant rétrograder vers les plus grossières erreurs ; assez long-temps, disons-nous, cette philosophie matérielle a tout disputé, à Dieu son existence, à l'homme sa nature et ses nobles destinées, à la famille tous ses liens, à la société tous ses bienfaits. Hâtons-nous de mettre par nos lois et nos institutions, un grand intervalle entre ces temps de douloureuse mémoire, et les temps à venir. La génération actuelle s'est élevée au milieu des sarcasmes de l'impiété ou des dédains de l'indifférence : que du moins la génération suivante recueille un meilleur héritage, et que les enfans soient plus vertueux que leurs pères. Alors aussi, ils seront plus heureux, et ils verront disparaître les dernières traces des longs et cruels orages qui ont désolé ce beau royaume de France.

C'est une chose digne de remarque, que les deux législations qui ont le mieux triomphé du temps, du désordre des mœurs, et de la double influence des armes et des lois étrangères, la législation des Hébreux et celle des Romains, soient aussi celles qui se distinguent le plus par leurs principes religieux et par ces belles considérations morales qui impriment aux ordonnances humaines une autorité divine.

Plusieurs de nos anciennes lois françaises avaient ce même avantage, et moins que jamais peut-être le législateur ne doit le négliger ; car il faut bien l'avouer, jamais la société n'a plus éprouvé le besoin de se voir rappelée de haut et sans cesse aux idées primitives du juste et de l'honnête. Ces idées, qui ne vont pas sans devoirs ou sans remords, sont nécessairement étrangères à des hommes sans avenir. Or, la religion seule donne à l'homme un avenir, qui le maîtrise et le règle au milieu des tempêtes ou des séductions du présent.

On voit assez notre dessein. Nous examinerons quelques parties de notre législation civile, sous les rapports religieux et moraux qu'elles présentent. Nous serions heureux si ce faible essai pouvait porter vers le même genre de méditation des hommes plus capables d'en faire sentir l'à-propos et l'utilité.

---

## *Matières de ces réflexions.*

*Chap.* Ier. DU MARIAGE. — On examine si le mariage doit être célébré en face de l'église, comme il l'était avant la révolution; ou par des officiers civils, comme il l'est aujourd'hui, sauf aux nouveaux époux à remplir leurs devoirs religieux, en recevant dignement le sacrement de mariage.

*Chap.* II. DU DIVORCE. Le divorce, proscrit par la religion de l'état, permis seulement par les autres religions, doit être aboli. — Des peines doivent être décernées contre l'époux coupable, dont l'adultère ou les mauvais traitemens auraient rendu la séparation nécessaire. —

*Chap.* III. DES ENFANS NATURELS. Il importe de ne reconnaître qu'un seul moyen de légitimation, le mariage du père et de la mère.

*Chap.* IV. DE L'ADOPTION. L'adoption serait funeste, si elle nuisait au mariage. — On indique quelques précautions à cet égard. — La première et la plus essentielle, est de défendre l'adoption des bâtards, par leur père, ou par leur mère.

*Chap.* V. DE LA PUISSANCE PATERNELLE. Les lois civiles doivent fortifier cette première magistrature, aussi ancienne et aussi nécessaire que la nature même.

---

# RÉFLEXIONS

## SUR QUELQUES PARTIES

## DE NOTRE LÉGISLATION CIVILE.

### CHAPITRE PREMIER.

#### DU MARIAGE.

ENTRONS tout de suite dans le sein de la société, et commençons par le contrat sur lequel tout l'édifice se fonde, et s'élève, et repose.

Aussi ancien que le monde, le contrat de mariage date de ce jour, où l'auteur de l'univers, avant de rentrer dans son éternel repos, se dit en lui-même : *Il n'est pas bon que l'homme soit seul.*

Et Dieu tira de l'homme même un être semblable à l'homme ; et, à la voix du créateur, ils se donnèrent l'un à l'autre, pour être deux dans une seule chair ; et tout autre attachement dut céder à celui-là.

B

Voilà le mariage tel que le Dieu l'a fait: *sic erat ab initio* (1). Lui-même l'institua, lui-même en fut le témoin et le ministre; le monde fut la dot des deux premiers époux; tous les peuples qui ont couvert la terre et ceux qui doivent la couvrir encore, sont les fruits de la première bénédiction donnée de Dieu même à ces premiers liens.

Le mariage est aujourd'hui ce qu'il fut alors, *l'union légitime de l'homme et de la femme.*

L'union de nos premiers pères fut célébrée par le seul ministre qui eût l'autorité et la juridiction nécessaire pour constater le consentement des deux époux; et ce ministre fut le législateur lui-même : Dieu faisait la loi, et en même temps il l'accomplissait.

Cette condition d'un consentement mutuel et suffisamment constaté, n'a pas cessé d'être indispensable pour la légitimité des unions conjugales, et cette première règle s'est maintenue au milieu de toutes les vicissitudes des lois humaines. Mais aussi, cette règle est la seule fondamentale, la seule essentielle et constitutive du mariage.

Notre code civil la consacre, en déclarant

(1) Evangile selon S. Matthieu, ch. 19.

d'une part, qu'il n'y a pas de mariage, lorsqu'il n'y a pas de consentement; et d'autre part, que le mariage doit être célébré publiquement devant l'officier civil du domicile de l'une des deux parties. (Art. 146 et 165).

Mais ici, se représente une question souvent agitée et qui est importante.

Maintenant surtout, que la religion catholique est proclamée la religion de l'Etat, il est naturel de se demander s'il convient de laisser la célébration des mariages aux officiers civils, et s'il n'est pas convenable, au contraire, de la rendre aux prêtres, puisqu'un des sacremens de la religion catholique est spécialement institué pour bénir l'alliance de l'homme et de la femme.

L'examen de cette question, déjà décidée dans le second sens pour une partie des états qui ont cessé d'être sous la domination de la France (1), sera l'objet de ce chapitre.

---

(1) *Voyez* le numéro du *Journal des Débats*, du 27 juin dernier, à l'article MILAN.

« Les articles du Code civil qui permettent le divorce sont abrogés *à l'égard des Catholiques qui ont validement contracté mariage devant l'Eglise*. Il est défendu aux tribunaux d'accueillir aucune demande pour divorce *entre époux catholiques ci-dessus désignés*, et l'on déclare supprimées les procédures pendantes en cette ma-

Nous rappellerons dans un 1er § les changemens que la législation civile a subis par rap-

---

tière. Dans le cas où les tribunaux auroient déjà autorisé le divorce par une sentence définitive, il est interdit à l'officier civil de le prononcer; et quand même il l'auroit déjà prononcé, il est encore défendu à l'un des époux divorcés de contracter un autre mariage tant que l'autre vivra. On maintient les dispositions du Code concernant les simples séparations. *Les dispositions du Code relatives au divorce pourront avoir leur effet même entre catholiques mariés devant la seule autorité civile ;* il leur sera néanmoins permis de contracter entr'eux un nouveau mariage valide. *Le mariage pour les catholiques n'aura d'effet civil, que lorsqu'il aura été célébré devant l'Eglise selon toutes les formes prescrites par leur culte ;* mais les curés ne pourront bénir les époux catholiques, qu'après qu'ils auront présenté l'acte de l'officier civil ».

Précédemment, le même journal avait publié, à l'article Venise, une proclamation du gouverneur-général, civil et militaire, en date du 10 mars ; elle contient une disposition non moins singulière :

1°. Indépendamment des publications de mariage, qui, en vertu du code civil provisoirement en vigueur, doivent être faites par l'officier de l'état civil, devant la porte de la maison commune, il en sera fait trois autres, pour les catholiques, dans l'église, par le curé ; et, pour ceux des autres religions, par leurs papes, leurs pasteurs, leurs rabbins, etc. dans leurs temples respectifs et dans leurs synagogues; 2°. *Le contrat de mariage entre catholiques ne sera valide, et les* port à la célébration des mariages, depuis même l'établissement du Christianisme; nous montrerons dans un 2e § les avantages du système actuel, sur le système précédent.

## § Ier.

### *Des changemens de législation par rapport à la célébration des mariages, depuis l'établissement du Christianisme.*

Nul doute que dès les premiers siècles de l'église, la bénédiction nuptiale n'ait été donnée aux Chrétiens, à l'imitation de celle que Dieu lui-même donna dans le paradis terres-

---

*enfans ne seront légitimes que du moment où ce contrat aura été suivi du sacrement: et pour ceux d'une autre religion, que du moment où ce même contrat aura été suivi des cérémonies prescrites par leurs cultes respectifs :* 3°. Le divorce légalement prononcé, pour quelque cause que ce soit, ne produira point, pour les catholiques, la dissolution du contrat de mariage, mais seulement la séparation personnelle et les effets de cette séparation; 4°. Les fils et filles des deux sexes, auxquels le consentement de leurs ascendans est nécessaire pour contracter le mariage, pourront, en cas de refus, présenter leurs réclamations fondées au gouvernement, qui prononcera. Les présentes déterminations auront leur exécution à compter du 1er. avril prochain ».

tre au mariage de nos premiers parens. *Hâc similitudine*, dit Saint Isidore de Séville, lib. 2. de off. eccles. *fit nunc in ecclesiâ, quod tunc factum est in paradiso.*

Tertullien atteste ce pieux usage, quand il s'écrie : *Undè sufficiamus ad enarrandam felicitatem ejus matrimonii, quod ecclesia conciliat, confirmat oblatio, obsignat benedictio, renunciant angeli, Pater ratò habet?* Ad uxorem, lib. 2, cap. 8.

Mais il s'en fallait de beaucoup que ces pieuses cérémonies fussent regardées comme essentielles à la validité des mariages. On peut prouver, au contraire, d'après les lois de Théodose et de Justinien, que le seul consentement des parties, dûment constaté par acte ou par témoins, a long-temps suffi pour que le mariage fût admis comme valable, et les enfans qui en provenaient, déclarés légitimes (1).

Ce ne fut même pas l'Église qui réclama le droit de célébrer les mariages. Le Pape Nicolas Ier, dans le 9e siècle, témoignait encore que la bénédiction du prêtre était une sainte coutume de l'Église romaine, et non pas une condition obligatoire pour les Chrétiens en

(1) *Voy.* Pothier, *Contrat de mariage*, part. 4, ch. 1, sect. 3.

général (1), lorsque les rois de France, par des motifs d'ordre civil plutôt que religieux, ordonnèrent que les mariages seraient célébrés par les prêtres : *Ne christiani sine benedictione sacerdotis cum virginibus nubere audeant, neque viduas absque suorum sacerdotum consensu et conniventiâ plebis ducere præsumant.* (Capitul. 408.)

Nos rois desiraient empêcher les mariages clandestins, source de mille désordres; ils voulurent, en conséquence, que les mariages fussent célébrés publiquement. LA PUBLICITÉ DES MARIAGES, tel fut leur but unique; et dans un siècle où la religion, bien ou mal connue, était cependant mêlée à toutes les institutions, présente à tous les esprits, et la même pour tout l'état, on conçoit que confier aux ministres de l'église un acte pareil, c'était lui donner la plus grande publicité qu'on pût souhaiter.

Depuis, ces ordonnances de nos rois tombèrent en désuétude : les mariages clandestins redevinrent aussi fréquens qu'ils l'avaient été autrefois; et comme autrefois aussi, on se contenta de la certitude du consentement des parties, pour regarder leur union comme légitime.

---

(2) Réponse du Pape Nicolas Ier, à une consultation des Bulgares, citée par Pothier.

Plusieurs décrétales des papes Alexandre III et Innocent III en font foi : et l'on en trouve une preuve dans la décision même du concile de Trente, qui, tout en déclarant nuls les mariages qui seraient contractés à l'avenir hors la présence du propre curé, frappe d'anathême l'opinion qui envelopperait dans la même nullité les mariage de ce genre, antérieurement contractés.

Bientôt Henri III consacra de nouveau dans l'ordonnance de Blois la nécessité de la célébration publique en face de l'église : les propres curés furent établis, par toute la France, les seuls ministres capables de *recevoir le consentement des parties et de les conjoindre en mariage*. C'est ce qui résulte expressément de la déclaration de Louis XIII, en 1639.

Telles ont été les variations de notre droit français jusqu'en 1792; et il est facile d'en conclure que, dans le dernier état de la législation, le curé, chargé par la loi de célébrer les mariages, réunissait en sa personne deux qualités et deux fonctions. Il était en même temps, et l'officier civil qui célébrait le mariage, et le prêtre qui le bénissait.

Ce fut en effet sous ce point de vue que la question fut envisagée par les législateurs de 1792 : ils séparèrent les deux fonctions, et s'ils eurent tort dans les motifs et dans les formes, au fond, nous croyons qu'ils ont eu raison. Qu'on ne nous soupçonne pas de vouloir préconiser leurs doctrines et défendre leurs trop funestes erreurs. Mais nous devons être justes, et nous garder de proscrire un systême, uniquement parce qu'ils l'ont établi. Soyons en défiance, puisqu'il vient d'une source qui n'a pas été pure ; mais ne le rejettons pas sans examen.

## § II.

### *Des avantages du systême actuel, sur le systême précédent.*

C'est au nom même de la religion, comme au nom de l'ordre public, que nous voulons défendre la loi qui ordonne que les mariages seront célébrés par des officiers purement civils.

D'abord, on ne contestera pas que la loi, qui confie aux mêmes magistrats la rédaction de tous les actes de l'état civil des citoyens de toutes les classes et de tous les cultes, ne présente sous le rapport politique un avantage qui peut paraître important à des législateurs. Il est d'une bonne police, que toutes les familles soient assurées de trouver dans un même dépôt, sur les mêmes registres, les titres qui les constituent et qui établissent leurs rapports divers. Ce dépôt universel, en est plus utile et plus précieux. La garde en est plus facile ; l'altération est impossible : et c'est quelque chose pour le gouvernement de pouvoir connaître, d'une manière également prompte et certaine, tous les mouvemens de la population et l'état de la société, par un moindre nombre de tableaux sur lesquels ses magistrats ont seuls droit d'inscrire tous les hommes qui naissent, qui se marient et qui meurent.

Mais des raisons bien autrement décisives viennent à l'appui de ces premiers motifs, quand on envisage la question du côté religieux.

Au seul mot de mariage, le ciel et la terre se réjouissent. Deux êtres, jusqu'ici étrangers l'un à l'autre, vont unir leurs destinées d'un lien qui doit être éternel. Sur la foi de leurs sermens, deux familles vont associer leurs espérances et confondre leurs affections ; la société voit se former de nouveaux élémens de cette harmonie générale qui perpétue l'ordre du monde ; elle espère de nouveaux citoyens, et la religion se promet de nouvelles vertus.

Toutefois, distinguons dans cet acte solennel, l'homme et le chrétien ; l'homme, qui accomplit au sein de la société la plus grande loi de la nature dictée par le créateur lui-même, et le chrétien, qui, pénétré des nouveaux devoirs qu'il s'impose, saisi d'un secret tremblement à l'entrée d'une carrière, qui, d'après la plus commune expérience, sera pour lui une alternative de joies et de douleurs ineffables, recommande sa frêle existence à la protection particulière de son Dieu.

Sous le premier rapport, le mariage est un acte éminemment civil, et les lois humaines ont droit d'ordonner. Il leur appartient de prescrire les formes qui offrent à la société le plus de garanties pour l'intérêt des familles et des individus qui s'unissent. La publicité est la plus importante de ces formes; elle les renferme toutes.

Sous le second rapport, l'empire des lois humaines cesse absolument. C'est à la religion seule à diriger un acte essentiellement religieux; et ici, plus d'ordre absolu, plus de formalités indispensables aux yeux de la société. Il s'agit d'établir entre Dieu et l'homme des rapports de bienveillance et d'amour; conséquemment, tout doit être libre et volontaire de la part de l'homme.

Nous oserons le dire. Ce fut une chose monstrueuse, d'ériger en loi civile la réception d'un sacrement.

D'un côté, la nature portait irrésistiblement les hommes à une union nécessaire. En même temps, la société devait seconder, protéger, encourager cette union naturelle, et la rendre légitime en la soumettant à des formes constantes.

D'un autre côté, la religion, en préparant l'autel où elle désirait bénir les deux époux, déclarait que ses bénédictions ne seraient profitables qu'aux chrétiens fidèles, qui, déjà les amis de Dieu par leurs vertus (1), imploreraient avec piété de nouveaux secours à l'approche de nouveaux dangers.

Par quelle erreur de zèle, par quelle confusion d'idées, a-t-on pu s'imaginer qu'il fallait contraindre les hommes à cet hommage du cœur, et forcer la religion elle-même à bénir extérieurement ceux pour qui elle savait bien

---

(1) Sacramentum matrimonii non est sacramentum mortuorum, sed vivorum, qui scilicet, gratiâ justificante, in quâ sita est animæ vita, jam sunt ornati. Purissimam enim Christi cum Ecclesia conjunctionem, quantum possunt, exprimere debent conjuges : divinum autem illud exemplar, ut par est, adumbrare non poterit ipsorum matrimonium, *nisi in statu justitiæ et sanctitatis celebretur.* (Theologia Lugd.) *Voyez* Nicole, dans son *Traité des Sacremens,* le Catéchisme du Concile de Trente, et tous les Catéchismes.

que ses prières seraient vaines et ses sacrifices actuellement inutiles ?

Que devait-il arriver ? pressés par le désir le plus juste et le plus impérieux, les hommes se sont trouvés dans l'alternative, ou de recevoir le sacrement, ou de renoncer au mariage, tout au moins de le différer ; le choix n'a point été douteux. Tous se sont présentés aux prêtres : tous, purs ou impurs, fidèles ou impies, athées ou croyans, tous ont reçu le sacrement ; et sous les auspices de la loi même, on s'est fait de l'hypocrisie une nécessité, de la profanation un devoir, du scandale une habitude.

Certes, on conçoit maintenant pourquoi durant 16 siècles la bénédiction nuptiale et le lien même du mariage ont été considérés comme deux choses essentiellement distinctes ; pourquoi l'on n'avait pas réuni ce qui était religieusement utile avec ce qui était civilement nécessaire ; pourquoi enfin l'église admettait comme légitimes les unions que la loi déclarait valables, et se contentait d'exhorter ses enfans à joindre au contrat civil les augustes cérémonies de la religion, sans leur en faire une condition absolue et du moment. Un respect éclairé pour la religion même, avait dû maintenir cet ordre de choses.

Nous y sommes revenus ; gardons nous de

nous en éloigner. Conservons le peu de bien qui ait été fait, à l'époque de la destruction générale de tout bien ; et qu'un motif religieux confirme aujourd'hui et pour toujours ce qui, dans le principe, a peut-être été conseillé par la haîne de la religion. C'est une des ruses miséricordieuses de la sagesse éternelle, d'amener ainsi d'heureux résultats par les égaremens mêmes de la sagesse humaine.

Quelques ames pieuses hésiteraient-elles encore à reconnaître l'erreur d'une loi qui déclarerait le sacrement nécessaire à la validité du mariage; nous les prions de peser une dernière réflexion.

L'opinion de la nécessité du sacrement pour la validité du mariage serait contradictoire avec cette autre opinion, que les mariages entre les infidèles et les mariages entre les hérétiques sont valides. Car, on ne saurait transporter le sacrement hors de l'église ; de fait, les protestans, non plus que les infidèles, n'admettent pas même l'existence d'un sacrement de mariage, et enfin l'on ne voudra pas qu'il suffise de se mettre hors de l'église pour faire cesser aussitôt la nécessité du sacrement, et contracter dès-lors un mariage légitime.

Or, il est constant que le mariage des infidèles et le mariage des hérétiques a toujours été regardé comme valide, de telle sorte que l'église n'a jamais songé à remarier ni les uns ni les autres, quand ils se sont convertis à la religion catholique (1).

Des deux opinions contradictoires dont nous venons de parler, la seconde est vraie : donc la première est fausse.

Donc, le sacrement ne peut que sanctifier le mariage, mais le mariage doit précéder le sacrement.

---

(1) Theolog. Lugd. pars IIa, cap. 1°. = Van-Espen, *jus ecclesiasticum*, tom. Ier, part. 2, sect. 1, tit. 12, cap. 5. Nous citerons seulement une des raisons que donne le célèbre docteur de Louvain : « Tertia ratio » pro validitate horum matrimoniorum desumitur ex » scopo ipsius decreti Concili Tridentini, qui est, ut in- » commoda, ex matrimoniis clandestinis, quæ in foro » externo probari non poterant, provenientia, evita- » rentur. Scopus autem hic in provinciis hisce ( in qui- » bus religio acatholica dominatum tenet ) obtinetur, » cùm matrimonia publicè coram magistratu vel mi- » nistro acatholico et testibus contrahuntur ; idque non » aliter quàm prævìis tribus distinctis publicis procla- » mationibus; adeò ut non minùs apud ipsos acatholicos » quàm apud catholicos exulent matrimonia clandes- » tina ; ideòque, fine decreti cessante, non apparet » ratio cur ejus observantia urgeri debeat, præsertim » cum maximis illis incommodis quæ ex urgendâ hâc » observantiâ sequerentur ; uti latiùs videre licet apud » Swanium. » etc.

Et la loi civile, qui peut et doit régler les formes de la célébration du mariage, peut et doit rester tout-à-fait étrangère à l'administration du sacrement, qui est toute entière du domaine de la religion.

Nous ne voulons rien dissimuler.

Une grave objection s'élève contre nous.

La religion est si peu connue, ou si mal pratiquée ! Ses préceptes les plus favorables aux mœurs, ses plus sages conseils sont dédaignés ou mis en oubli. Comment ne pas craindre que, du moment où il serait décidé, après mur examen, que le mariage existe, légitime et valide, indépendamment de la bénédiction de l'église, beaucoup de catholiques ne se bornent à l'acte civil, et qu'insensiblement l'acte religieux ne soit abandonné?

Nous sentons combien cette crainte est pénible, mais elle est exagérée.

Il est de fait que, même dans l'état présent des choses, soit pudeur, soit conscience, soit respect de l'opinion publique, le plus grand nombre des mariages sont suivis de la demande et de la réception du sacrement.

Il faut croire que d'augustes exemples, donnés à la France du haut du trône de Saint-Louis, rendront une nouvelle force aux principes religieux.

Il

Il faut reconnaître enfin, pour le petit nombre de ceux qui ne se présenteront pas à l'église, qu'aux yeux d'un chrétien éclairé, comme au jugement de tout homme raisonnable, l'indifférent qui s'éloigne est coupable sans doute, mais pourtant est moins coupable que l'indigne qui abuse et qui profane.

## CHAPITRE II.

### DU DIVORCE.

C'est avec douleur qu'on se voit obligé de parler encore du divorce, pour demander qu'il soit réprouvé et flétri. La raison la plus vigoureuse, l'éloquence la plus entraînante avaient plaidé cette grande cause avec une telle supériorité, qu'on devait bien croire à son triomphe. La raison et l'éloquence ont succombé : que peuvent désormais nos faibles armes contre un adversaire qui s'est fortifié de toute l'autorité d'une seconde loi (1), de l'ha-

(1) L'ouvrage de M. de Bonald, sur *le Divorce considéré au 19e siècle*, a précédé de trois ans le Code civil, dont le 5e titre confirme l'institution du Divorce, décrété par l'Assemblée législative de 1792.

bitude des plus honteux succès, et du long silence des hommes vertueux ?

Toutefois, ne désespérons pas de la morale publique. Le secours est venu d'en haut, et déjà une sorte d'hommage a été rendu à cette force invisible et toute puissante. Les demandes en divorce se sont multipliées d'une manière remarquable depuis deux mois, et c'est pour la religion le commencement et le présage certain d'une entière victoire. La loi du divorce est menacée, son règne va finir, et l'on se hâte : *Tanquàm apud senem festinantes*.

Ils ont été bien faibles, les raisonnemens qui ont décidé les rédacteurs du code civil, à consacrer sur ce point capital la funeste innovation de la loi de 1792.

Perdant tout à coup de vue ce premier principe de toute législation (1), que, quand il s'agit des règles qui doivent gouverner les hommes, et qui touchent de près à tout l'ordre social, ce ne sont pas telles personnes ni telles circonstances qu'il faut voir, mais la nature humaine dans tous les temps, mais la société dans son intérêt général; ces législateurs im-

---

(1) Jura non in singulas personas, sed generaliter constituuntur. *De Legib.* leg. 8, au digeste.

prudens ont sacrifié les mœurs publiques à quelques infortunes particulières.

Ils reconnaissaient que « l'autorisation du » divorce serait inconséquente chez un peu» ple qui n'admettrait qu'un seul culte, s'il » pensait que ce culte établit d'une manière » absolue l'indissolubilité du mariage; » et ils n'ont pas été arrêtés par cette idée, que l'autorisation du divorce serait donc inconséquente pour les dix-neuf vingtièmes des français, puisque les dix-neuf vingtièmes des français professaient une relgion qui regarde le mariage comme indissoluble (1).

Ils regardaient eux-mêmes comme « in» contestable que de tous les contrats, il » n'en est pas un seul dans lequel on doive » plus désirer l'intention et le vœu de la » perpétuité de la part de ceux qui con» tractent. » Et ils ont permis aux passions de violer ce vœu et de rendre cette intention illusoire.

D'après leur propre témoignage, « le ma» riage n'intéresse pas seulement les époux

---

(1) Ajoutons que les Protestans sont loin de s'accorder entr'eux sur les bienfaits, même politiques, de la loi du Divorce. *Voyez* Mme Necker et Blackstone; voyez sur-tout le 18e Essai de Hume.

« qui contractent : il forme un lien entre deux » familles, il crée dans la société une fa- » mille nouvelle, qui peut elle-même devenir » la tige de plusieurs autres familles : le ci- » toyen qui se marie, deviendra père ; ainsi » s'établissent de nouveaux rapports que les » époux ne sont plus libres de rompre par » leur seule volonté ; » et ils n'ont pas vu qu'il fallait, pour accomplir toute justice, pousser plus loin les conséquences de leur principe : que, par la nature même d'un pareil contrat, la femme sacrifie ses plus précieux titres à ses premières amours, les enfans reçoivent la vie sous la garantie d'une double protection ; et que, la société ayant ratifié ces sacrifices et ces engagemens, les familles n'étant bientôt plus dans la même position, ni composées des mêmes individus, il n'est plus possible de faire concourir pour la dissolution toutes les volontés et tous les intérêts qui ont déterminé l'union.

Nous venons de voir quelles concessions les partisans mêmes du divorce avaient été obligés de faire. Quelle est donc la raison puissante qui les a déterminés ?

« La légèreté des esprits, la perversité du » cœur, la violence des passions, la corrup- » tion des mœurs ont trop souvent produit,

» dans l'intérieur des familles, des excès
» tels qu'on s'est vu forcé de permettre de
» fait la rupture d'unions qu'on regardait
» cependant comme indissolubles de droit....
» Il fallait donc un remède, ou la séparation
» ou le divorce.... Or, le divorce est préfé-
» rable à la séparation, parce qu'il brise le
» lien et permet d'en contracter un nouveau».

C'est-à-dire, qu'une chance de plus donnée à l'inconstance, une perspective plus riante ouverte aux passions a été jugée par les nouveaux réformateurs un remède plus efficace contre ces passions trop violentes, et contre cette inconstance trop commune. Semblables à cet insensé qui, voyant son domaine menacé de l'inondation, au lieu de fortifier la digue qui devait le protéger, la renverse, et s'applaudit de ne plus être importuné du bruit des vagues qui frémissaient naguères contre les obstacles.

C'est à la fois un devoir pour nous et un avantage que nous ne devons pas négliger, de rappeler ici une de ces pages, où l'illustre auteur, dont le nom se trouve lié à toutes les grandes questions qui intéressent les mœurs et la société, combattait avec son beau talent cette législation imparfaite et corruptrice du divorce.

« Combien plus sage est la religion chré-

» tienne! elle interdit aux hommes l'amour » des richesses et des plaisirs, cause féconde de » mariages mal assortis : elle ordonne aux » enfans de suivre les conseils de leurs parens » dans cette action la plus importante de leur » vie. Une fois l'union formée, elle com- » mande le support au plus fort, et la dou- » ceur au plus faible, la vertu à tous. Elle s'in- » terpose sans cesse pour prévenir les mécon- » tentemens et terminer les discussions. Mais » si malgré ses exhortations, les défauts et » les vices changent le lien de toute la vie en » un malheur de tous les jours, elle le re- » lâche, mais sans le rompre; elle sépare les » corps, mais sans dissoudre la société; et » laissant aux humeurs aigries le temps de s'a- » doucir, elle ménage aux cœurs l'espoir et » la facilité de se réunir; et cette religion, » qui défend tout aux passions et pardonne » tout à la fragilité, cette religion qui or- » donne à l'homme coupable d'espérer en la » bonté de son créateur, ne veut pas que la » femme imprudente ou légère désespère de » la tendresse de son époux. *La philosophie* » élève le divorce entre des époux comme un » mur impénétrable, la religion place entre » eux la séparation comme un voile officieux. » *La philosophie*, qui rejette de la société

» humaine comme de la religion tous les » moyens de rémission, flétrit sans retour » une femme plus faible que coupable, par » le sceau ineffaçable du divorce qu'elle im- » prime sur son front, et lui ôtant la dignité » d'épouse qu'une seconde union ne saurait » lui rendre, et avec laquelle, comme dit Ta- » cite, on transige une fois et pour la vie (1), » elle la livre sans défense à toute l'inconstance » de ses penchans; et la doctrine de celui qui » a pardonné à la femme adultère, plus in- » dulgente pour la faiblesse humaine, con- » serve à la partie infidèle le nom de son » époux, au moment où par la séparation » les hommes lui ôtent les droits d'une femme, » et veille encore sur l'honneur de celle qui » n'a pas eu soin de son bonheur. »

» C'est à la loi civile à faire le reste, et les » séparations seraient bien moins fréquentes, » si la loi imposait aux époux séparés des » conditions qui en fissent une peine pour » tous, et non une complaisance pour aucun » d'eux ».

Tout homme qui connaît le cœur humain

(1) Cum spe votoque uxoris semel transigitur. *De Morib. German.*

et qui observe la marche de la société, sentira que M. de Bonald indique ici la véritable solution des difficultés de cette importante matière. Contenir les autres passions par la passion la plus universelle comme la plus active, celle de l'intérêt personnel; et pour cela, rendre les séparations pénibles dans leurs conséquences pour l'époux dont le libertinage ou les mauvais traitemens auraient porté ce trouble dans la famille; par exemple, condamner la femme à s'enfermer dans une maison religieuse, seul asyle où se retire décemment un tel criminel; interdire à l'homme l'honneur d'exercer des fonctions publiques; priver en outre le coupable des avantages que l'autre époux lui aurait faits (1); voilà, entr'autres moyens de répression, des lois fortes et fortifiantes qui conviennent à l'état actuel de la société, et qui auraient infailliblement une grande et salutaire influence sur les mœurs générales et sur le bonheur domestique.

Les dispositions que nous venons d'indiquer assureraient l'avenir, mais il faudrait s'occuper aussi du sort des époux qui ont rompu leurs

---

(1) On appliquerait au cas de la séparation, cette peine que le Code civil inflige à l'époux contre qui le divorce a été admis. *Art.* 299.

liens par le divorce. On sent qu'il serait nécessaire de lever pour eux la défense de se réunir, que prononce le code, art. 295. Ce serait la conséquence naturelle et forcée de la loi qui reconnaîtrait l'indissolubilité du mariage.

## CHAPITRE III.

### DES ENFANS NATURELS.

Toutes les fois qu'il est question de l'état et des droits des enfans naturels, on ne peut s'empêcher de rappeler avec effroi ces temps de vertige et d'erreur, où le législateur lui-même, abusé par une fausse et cruelle philantropie, ou perdu dans les chimères d'une monstrueuse égalité, essaya de combler l'intervalle immense qui avait toujours séparé l'enfant légitime et le bâtard.

Il les fit marcher sur la même ligne, et la pudeur fut bravée à ce point, que les filles-mères reçurent des encouragemens publics et des récompenses nationales.

Autant valait abolir le mariage, et avec le mariage, la famille et la société. Car la famille et la société se composent de membres qui ont tous les uns avec les autres des relations plus ou moins intimes ; et ces relations commencent, et s'entretiennent, et se perpétuent par ces doux noms de père et de mère, d'époux et d'épouse, de fils, de frères, de cousins, qui ne se donnent et ne se reçoivent que sous les auspices et à l'ombre du mariage.

Aussi la société allait-elle se précipitant vers sa ruine, quand enfin l'excès du mal ouvrit les yeux.

On sentit de nouveau le besoin de distinguer une union criminelle d'une union légitime;

Le concubinage, qui fait naître des enfans, et le mariage, qui les conserve et les élève;

Le concubinage, qui multiplie les individus, et le mariage, qui multiplie les familles;

Le concubinage, qui satisfait les vils penchans d'une nature dégénérée en séparant les plaisirs des devoirs, et le mariage, qui remplit les nobles destinées de l'homme, en alliant les devoirs avec les plaisirs;

Le concubinage, qui isole tout dans la société, et le mariage qui unit tout, et met tout en rapport et en harmonie.

L'enfant naturel fut donc rejetté du rang et des droits d'enfant légitime. Il ne fut plus héritier, non pas même de ses père et mère; et s'il peut réclamer quelque chose sur les biens qu'ils laissent après eux, c'est une modique portion que la pitié de la loi accorde à ses besoins et à son malheur. (1)

Ce n'est point que cette tache involontaire qui s'attache au fruit d'un commerce illégitime, doive être éternelle dans la pensée du législateur ni dans celle de la religion.

La religion au contraire, la nature et la loi, souhaitent avec ardeur que l'enfant naturel dépouille l'opprobre de sa naissance; mais pour atteindre ce but désirable, l'intérêt de la société exige des conditions qui ôtent à l'indulgence tous ses dangers, et conservent au mariage tous ses honneurs, aux bonnes mœurs tout leur empire.

Écartons d'abord avec une sainte horreur du sanctuaire des lois et des temples sacrés, ces fruits déplorables de l'adultère et de l'inceste, à qui le code, aussi sévère que notre ancienne législation, ne permet pas même d'assurer leur état, par l'aveu spontané que feraient les auteurs de leurs jours du crime qui leur a donné l'être (2).

Il ne peut être question ici que de ces enfans, dont le père et la mère auraient été libres de s'unir légitimement, à l'époque où ils ont suivi

---

(1) Code civil, art. 756 et 757.
(2) Art. 331 et 335.

les conseils d'une aveugle passion ; de ces enfans, en un mot, qui sont nés, selon l'ancien langage de notre droit, *ex soluto et solutâ.*

C'est pour ces enfans que la tendresse de la religion avait institué une merveilleuse ressource, qui n'a pas tardé à être adoptée par les lois civiles; ressource admirable, précisément parce qu'elle est unique ; et éminemment sociale, parce qu'elle sauve tout à la fois et l'enfant et la mère.

Cette condition unique et nécessaire qui peut seule replacer un enfant naturel au nombre des enfans légitimes, est le mariage que ses père et mère se résolvent enfin à contracter ensemble.

Le législateur est ainsi parvenu à réparer tout le mal du concubinage, et à protéger le sexe le plus faible contre le sexe le plus fort.

On dirait que la loi a voulu toucher l'homme, avant qu'il cédât une lâche victoire, ou du moins après sa défaite, par une double considération.

Quand il résiste encore, elle essaie de dompter sa passion en l'avertissant des suites. Elle semble lui dire : « Songe que tu ne pourras plus diviser les intérêts de cette femme que tu vas déshonorer, et ceux de l'enfant qui naîtra de tes coupables amours. Ou ton enfant, dont tu voudras sans doute faire le bonheur, restera éternellement couvert de la honte de son origine, ou tu ne pourras effacer cette honte qu'en assurant à sa mère le titre et les droits de femme légitime. Il ne te sera pas permis d'assouvir ta passion, et ensuite d'abandonner l'infortunée que tu auras séduite, pour t'occuper exclusivement de l'enfant et lui donner des droits et un état honorables que la mère ne partagerait pas ».

Si le crime est consommé, la loi se présente de nouveau à cet homme devenu père, et plaide avec une nouvelle force la cause des mœurs et de l'humanité.

Mais on conçoit que cette cause, qui n'est pas toujours gagnée, serait presque toujours perdue, s'il existait pour les enfans naturels un moyen isolé de parvenir aux honneurs et aux droits de la légitimité.

Autrefois on distinguait, à la vérité, deux sortes de légitimation des bâtards; la légitimation par le mariage subséquent des père et mère, et la légitimation par lettres du prince.

Cette dernière espèce de légitimation pouvait être un inconvénient aux yeux de la saine morale : mais enfin, elle était plus honorifique qu'utile; elle ne donnait, dit Pothier, à l'enfant légitimé, que *le droit de porter le nom de son père, et de porter ses armes avec une brisure;* elle ne le rendait habile à succéder, ni à son père, ni à sa mère; elle ne l'introduisait pas dans la famille (1).

Dans le chapitre suivant, nous aurons occasion de développer sous un nouveau point de vue la thèse que nous venons de soutenir.

---

(1) *Voyez* Pothier, dans son *Traité du Contrat de Mariage*. Sous ce rapport, notre ancienne législation s'était améliorée. On voit dans Lebrun, *Traité des Successions*, que les lettres du prince contenaient assez souvent une clause précise pour faire succéder les bâtards; quelques coutumes avaient même des dispositions expresses qui semblaient assimiler la légitimation par le Roi, et la légitimation par mariage subséquent : (*Sens*, art. 32, etc.). Mais en général, la jurisprudence, d'accord avec les bonnes mœurs, avait réformé cet abus; et Lacombe cite dans son recueil, au mot *légitimation*, un arrêt de la grand' chambre, qui rejette la clause de succéder, insérée dans les lettres de légitimation qu'un père avait obtenues pour ses deux bâtards nés *ex seluto et solutâ.*

# CHAPITRE IV.

## DE L'ADOPTION.

« Bonne en soi, l'adoption manquerait son
» but, si elle nuisait au mariage. »

(Disc. de l'orateur du Gouvernement, au Corps législatif, en présentant le projet de loi concernant l'*Adoption*.)

Nous rechercherons donc quelles précautions doit prendre le législateur pour empêcher que l'adoption ne nuise au mariage.

L'adoption pourrait nuire au mariage de deux manières, ou en troublant une famille déjà constituée, ou en éloignant du mariage même, véritable fondement des familles.

La faculté d'adopter, accordée à ceux mêmes qui auraient des enfans légitimes, donnerait lieu au premier de ces inconvéniens.

Le second naîtrait de la trop grande latitude laissée aux adoptans célibataires.

Nous considérerons l'adoption sous ces deux rapports.

### § I^er^.

*Celui qui a des enfans légitimes ne doit pas pouvoir adopter.*

L'idée première, l'idée essentielle que réveille le mot *adoption*, est celle d'un homme qui, privé du bonheur d'être père, cherche à se consoler par une image de la paternité. Il a perdu les enfans que lui avait donnés une union légitime, ou cette union a été stérile; et dans l'une ou l'autre hypothèse, effrayé de l'isolement où il se trouve aux approches de l'âge avancé, à défaut d'héritiers de son sang, il veut des héritiers de son choix, qui, l'environneront pendant sa vie de respect et d'amour, et qui, après sa mort, prolongeront dans l'avenir son nom et sa mémoire.

Telle se présente l'adoption envisagée sous le point de vue de l'intérêt particulier; telle surtout elle doit se présenter, si on l'envisage sous le rapport de l'intérêt public. Le défaut d'enfans légitimes est une condition indispensable, que la nature et la morale ont toujours exigée, sous peine d'abus sans nombre.

Qu'il s'agisse en effet d'un homme marié, dont le ciel a béni l'union; l'adoption prend tout-à-coup un caractère odieux.

Cet homme s'est senti revivre en d'autres lui-même; il a où reposer toutes les affections de son cœur; tous ses soins sont dus, toute sa tendresse est acquise à ces êtres nés de lui, qui doivent partager un jour et ses joies et ses peines, perpétuer son nom et jouir avec reconnaissance du fruit de ses travaux. La nature a tout fait pour lui, qu'irait-il demander à la loi?

S'il est heureux, si ses enfans lui rendent amour pour amour, s'ils remplissent toutes les obligations que leur impose le respect filial, que veut-il de plus, et par quelle injustice ou quelle bisarrerie viendrait-il déclarer qu'il attend davantage de l'affection et du zèle des enfans d'autrui?

Et s'il est malheureux, si ces enfans, formés de sa propre substance, dont-il a reçu les premières caresses, soutenu les premiers pas, inspiré les premiers sentimens; si ces coupables enfans, avec tant de motifs de l'aimer, manquent à tous leurs devoirs, ah! n'a-t-il pas épuisé les douleurs paternelles? comment s'exposerait-il à de nouvelles ingratitudes? comment son âme désolée tenterait-elle une seconde expérience, avec moins de raisons d'espérer un meilleur succès? ou comment la loi, qui peut-être devra lui imputer à lui-même la mauvaise conduite de ses enfans, consentirait-elle à lui livrer des enfans étrangers? — D'ailleurs ses propres enfans lui sont ingrats et rébelles; croirait-il les ramener à lui, en leur donnant des rivaux, qui ne seront à leurs yeux que des ennemis et des spoliateurs?

Il est donc vrai que dans toutes les positions

de la vie, faire concourir ensemble l'enfant de la nature et l'enfant de l'adoption, ce serait porter dans la famille le trouble et le désordre, y confondre toutes les relations et tous les devoirs.

Ainsi l'entendaient, suivant le témoignage de Vinnius, les Romains, et les Grecs. IN SOLATIUM ORBITATIS *filios sibi adsciscere solebant* : προς την παραμυθιαν απαιδων.

Hérennius dit de même que l'adoption imite la nature pour consoler ceux qui n'ont point d'enfans. *Adoptio imitatur naturam in solatium eorum qui liberos non habent, ad molliendum naturæ defectum vel infortunium.*

Nous retrouvons par-tout ce même sentiment et cette même doctrine. Les monumens de l'éloquence en font foi, comme les ouvrages des Jurisconsultes. Écoutons l'orateur Romain, lorsque dans la crainte que l'adoption ne serve de voile à d'injustes et criminels desseins, il se demande quelles régles il convient de suivre : *quid est jus adoptionis, pontifices? nempè ut is adoptet, qui nec jam procreare liberos possit, et cum posset, sit expertus.* (Orat. Pro domo) (1).

---

(1) Il est vrai que la législation romaine, dans le nombre presqu'infini de ses décisions, en offre plusieurs

La loi des Lombards posait aussi pour principe que l'adoptant devait être sans enfans légitimes : *qui filium legitimum non habuerit et alium quemlibet heredem sibi facere voluerit*, *coram comite vel rege.....* Lib. 2. tit. de adoptionibus, dans Lebrun. Liv. 3. ch. 3.

Enfin le Code civil s'en est expliqué formellement. L'art. 343 ne permet l'adoption qu'aux personnes de l'un ou de l'autre sexe, qui n'auront à l'époque de l'adoption ni enfans ni descendans légitimes. Et l'orateur, cité au commencement de ce chapitre, en donne cette raison conforme à tout ce que nous venons de dire « : puisque l'adoption n'est accordée

---

qui prouvent que cette règle n'a pas été sans exceptions : mais en général, elle était respectée et suivie. La plupart des lois l'établissent ou la supposent.

Ainsi, lorsque le législateur accorde aux femmes la faculté d'adopter, il en donne cette raison : *Ad solatium liberorum amissorum.* Instit. Lib. I. tit. XI.

La première intention des lois, dit Lebrun, fut de permettre d'adopter à ceux seulement qui n'espéraient plus d'enfans naturels, et sur ce fondement on reprochait à Claude qui avait des enfans, d'avoir adopté Néron. *Traité des Successions.* Voyez l'auteur des *Antiquités Grecques et Romaines,* au mot *Adoption.* M. Malleville, *Analyse raisonnée des Discussions du Code civil*, tome 1er, etc., etc.

» que comme consolation à l'adoptant, il doit » être sans enfans ».

## § II.

*L'Adoption doit être tellement restreinte, qu'elle n'éloigne pas du mariage.*

C'est dans cette intention que le Code civil, outre la condition du défaut d'enfans légitimes, impose en même temps celle d'un âge avancé; l'adoptant doit être âgé de plus de 50 ans (art. 343).

Nous observerons seulement que cette limite, suffisante à l'égard des femmes, devrait être reculée pour les hommes jusqu'à l'âge de 60 ans. C'était le terme fixé par les premières lois romaines, et assez d'exemples démontrent que ce terme conviendrait au climat de la France, sur-tout si nous supposons, comme on doit l'espérer après que tous les excès possibles ont été commis, une réforme dans les mœurs. A Rome, dit M. Malleville, l'adoptant devait être âgé de 60 ans, c'est-à-dire, avoir perdu à peu près l'espoir d'être père (1).

(1) Nous ne dissimulerons point qu'à Rome même, ainsi que l'observe M. Bousquet, dans ses *Observations sur le Code civil,* on avait fini par trouver trop rigou-

Mais ces premières conditions nous semblent insuffisantes.

Des hommes prévoyans avaient demandé qu'on en prescrivît une troisième, celle d'être ou d'avoir été marié ; ou, en d'autres termes, qu'on refusât aux célibataires le bénéfice de l'adoption.

Voici comment le conseiller d'état chargé de défendre le projet de loi devant le corps législatif, discutait et repoussait cette dernière idée.

« Si la faculté d'adopter, accordée aux cé-
» libataires âgés de plus de 50 ans, pouvait
» être un encouragement général au célibat,
» il faudrait sans doute leur ravir cette fa-
» culté, plutôt que d'exposer la société toute
» entière aux maux résultans de l'abandon
» des mariages. »

---

reuse la règle de soixante ans ; alors, sans déterminer l'âge précis auquel il serait permis d'adopter, on chargea le magistrat d'examiner si celui qui se proposait d'adopter pouvait encore raisonnablement espérer avoir des enfans : *An melius sit de liberis procreandis cogitare cum, quàm ex alienâ familiâ quemquam redigere in potestatem suam* (Leg. 17. ff. de adoption. et emancip.). C'était toujours le même esprit de faveur pour le mariage : mais on sent qu'il vaut bien mieux fixer un terme général, et nous persistons à croire que soixante ans doit être ce terme pour les hommes.

» Ce point accordé, voyons si les craintes » qu'on a manifestées à ce sujet sont fondées. »

» Les partisans de l'exclusion des célibataires la fondent moins sur les moyens qui, » au-delà de 50 ans, peuvent leur rester encore pour se reproduire, que sur la crainte » de voir les jeunes gens mêmes s'éloigner du » mariage, dans la perspective de la faculté » qu'ils auront d'adopter un jour.

» Vaine terreur ! poursuivait l'orateur du » gouvernement. C'est trop accorder à la prévoyance de l'homme, et trop peu aux impulsions de la nature. Qu'on s'en fie à celle-ci, et de même qu'on préfère ses enfans à » ceux d'autrui, de même aussi le mariage » sera généralement préféré à l'adoption.

» Qu'arrivera-t-il avec l'adoption ? ce qui » arrivait avant elle et sans elle. Il y aura toujours quelques célibataires sans doute, » mais ce sera une exception dans la société ; » et cette exception ne devra point sa naissance au calcul qu'on suppose : elle existe « aujourd'hui, elle a toujours existé. Tel » homme se trouvera parvenu au revers » de la vie, sans avoir songé au mariage, » uniquement par insouciance : tel autre ne » s'en sera abstenu que pour cause de mala-

» dies ou d'infirmités ; tel autre enfin, pour » soutenir de proches parens auxquels il tien- » dra lieu de père....... Dans tous ces cas, » l'exclusion des célibataires serait injuste » ou même barbare ».

Cette réfutation, assez spécieuse, au premier coup-d'œil, de l'opinion qui voulait interdire aux célibataires la ressource de l'adoption, peut, ce semble, être combattue d'une manière victorieuse.

A l'égard de l'homme insouciant et frivole, qui, sans autre raison, s'est soustrait aux charges du mariage, il ne faudrait pas le punir sans doute, puisqu'il s'agit d'un acte essentiellement libre; mais ne peut-on pas trouver excessive cette prévoyance de la loi qui songe à le dédommager de son insouciance même, en étendant jusqu'à lui le privilége de se faire tout-à-coup des héritiers de son nom ? — et quant aux deux autres hypothèses, celle d'infirmités assez graves pour mettre obstacle à l'accomplissement du vœu le plus ardent comme le plus légitime, ou celle d'un généreux devouement pour de proches parens à qui l'on veut tenir lieu de père, ce sont là de ces accidens de la vie, ou de ces prodiges de l'amitié, qui ne sauraient influer sur les décisions d'un sage législateur. *Nam ad ea potius debet aptari jus*, dit encore la raison écrite, *quœ et frequenter et facilè, quàm quœ perrarò evenium. Quod semel aut bis existit, prœtereunt legislatores*. L. 5 et 6. au titre *de legibus*.

Il est une autre classe beaucoup plus nombreuse de célibataires, de l'un et de l'autre sexe : ce sont ceux que la religion consacre au service de la société. Mais est-il besoin d'observer que leur noble courage s'est réservé de meilleures espérances, que toutes celles qui émanent des hommes? Assurément, et par beaucoup de motifs que tout le monde sentira mieux que jamais, cette fiction de la loi qui permet de s'environner d'enfans adoptifs, ne sera jamais réclamée, ni par ces hommes respectables qui se sont privés du mariage pour se dévouer au saint et pénible ministère des autels, ni, à plus forte raison, par ces touchantes victimes de la charité, dont l'unique ambition a été de vivre ignorées du monde, et de mourir pour Jésus-Christ en servant les pauvres.

Nous l'avouerons donc : l'objection que l'orateur du gouvernement a traitée de vaine terreur, reste à nos yeux dans toute sa force ; et l'on peut démontrer que, cette objection, bien loin d'avoir été résolue, n'a pas même été apperçue, telle du moins que l'expérience l'a faite.

A la crainte de voir les jeunes gens s'éloigner du mariage dans la perspective de la faculté qu'ils auraient d'adopter un jour, on a répondu : *Qu'on s'en fie à la nature, et de même qu'on préfère ses enfans à ceux d'autrui, de même aussi le mariage sera généralement préféré à l'adoption.*

La réponse supposait qu'on ne voudrait jamais user de l'adoption qu'en faveur *des enfans d'autrui;* et s'il en eût été ainsi, cette nouvelle institution aurait pu, en effet, ne nuire que faiblement au mariage.

Mais qu'a fait la nature, et qu'ont imaginé les passions?

Les enfans naturels se sont multipliés; et nous avons vu la faculté d'adopter invoquée d'abord sans succès, bientôt avec moins de résistance, puis avec audace, par le père naturel, en faveur de ses propres enfans. Les femmes ont marché dans cette honteuse carrière avec une égale assurance; et les annales de la jurisprudence (1) attestent que c'est surtout en faveur des enfans bâtards qu'il a été fait

(1) = 15 germinal an 12 (1804). Paris. —Jugé qu'il n'y a lieu à l'adoption de trois enfans naturels par leur mère. = 18 floréal et 3 prairial même année. Nîmes. — Jugemens semblables. = Mais au même mois de prairial

usage de l'adoption. On devait s'y attendre: il en est des passions, comme des vents qui apportent les orages : *quà data porta*, *ruunt*.

En vain le ministère public (1) a-t-il plus d'une fois opposé à ce dangereux système d'adoption, les raisons les plus péremptoires;

Et cette définition de l'adoption elle-même, donnée par Cujas, mais dictée, ce semble, par la pure raison : *adoptio est legis actio, quâ qui mihi filius non est, ad vicem filii redigitur* (2);

---

an 12, arrêt de la cour d'appel de Bruxelles, qui autorise l'adoption d'une fille naturelle par sa mère. = 6 thermidor an 13. Caen. — Arrêt qui confirme l'adoption faite par Françoise Bosquet, de sa fille naturelle = et 24 novembre 1806.—Arrêt de la cour de cassation qui confirme celui des juges de Caen. = 22 avril 1807. Bruxelles. —Second arrêt de cette cour qui déclare valable l'adoption d'un bâtard par sa mère, etc., etc. *Voyez* les deux recueils de la *Jurisprudence du Code civil*, et du *Journal du Palais*.

(1) *Voyez* entr'autres plaidoyers favorables à la cause des mœurs, les observations de M. Mourre, aujourd'hui l'un des présidens de la cour de cassation. Elles sont insérées dans le 1er volume de *la Jurisprudence du Code Civil*, pag. 292 et suiv.

Les mêmes observations furent développées dans une autre cause, et se trouvent dans le tome 8e du même recueil.

(2) On a objecté la loi 12. ff. au titre *De adoptionibus:*

Et les dispositions du code qui supposent dans la personne de l'adopté un enfant légitime, ou tout au moins un enfant étranger à l'adoptant (art. 346, 347 et 348);

Et ces autres dispositions qui, limitant les droits des enfans naturels, ne permettent pas de rien leur donner ni directement, ni indirectement, ni par interposition de personne, ni par simulation de contrat, au-delà de ce qu'elles leur accordent. (Art. 908 et 911);

Et l'article 331, qui seul devrait suffire, puisque, d'après cet article, il ne doit y avoir, comme nous en avons établi la nécessité, qu'un seul moyen de légitimer les bâtards, savoir le mariage de leur père et de leur mère;

Et enfin ces lois éternelles de la morale, antérieures et supérieures à tous les codes, qui font aux magistrats chargés d'appliquer les lois, comme aux législateurs chargés de les prescrire, un devoir indispensable de tracer d'une main ferme la ligne de démarcation entre le vice et la vertu, entre l'ordre et le

---

*qui liberatus est patriâ potestate, posteà in potestatem reverti non potest, nisi adoptione,* et l'on a conclu que le propre fils pouvait être adopté. Mais cette fiction qui n'avait d'autre effet que de faire cesser l'émancipation d'un enfant légitime, et de le remettre sous la puissance paternelle, n'a rien de commun avec l'adoption dont il s'agit ici.

désordre, entre ce qui purifie et conserve la société, et ce qui la corrompt et la détruit.

Tout a été dit à cet égard, et tout a été dit inutilement.

On s'est fié à la nature, et de même que l'atteinte portée au mariage aurait été faible, si l'adoption avait été bornée aux enfans d'autrui, parce qu'on aime mieux *ses propres enfans*, l'atteinte a été grave, parce que l'adoption a eu pour objets, non les enfans d'autrui, mais ses propres enfans. (1)

Ainsi s'est glissée parmi nous, au grand dommage de la société et contre les intentions de la loi, cette espèce de légitimation qu'une pitié aveugle avait introduite sous le faible Anastase dans la législation romaine, et que Justin et son fils s'empressèrent de bannir par respect pour les mœurs. *Et nos non latuit*, dit l'empereur Justinien, nov. 74, cap. 3, *quia etiam adoptionis modus erat antiquitùs ab aliquibus ante nos imperatoribus supra naturales ad legitimos transferendos non improbabilis existimatus. Sed æque piæ*

(1) On assure que dans ces dernières années même, le nombre des enfans naturels a été à celui des enfans légitimes, dans la proportion de un à cinq, et nous savons que cette proportion a été plus forte encore en 1813.

*memoriæ noster Pater et constitutio ab illo prolata, talia reprehendit. Manere ergò et illam in suis terminis volumus, QUONIAM CASTITATEM DILIGENTE CONSIDERAVIT.*

Espèce de légitimation d'autant plus révoltante, que, les premiers droits de la pudeur une fois violés, il n'y a plus de terme aux excès. Non seulement les bâtards simples, nés de père et mère libres, acquerront ainsi les honneurs et les priviléges de la légimité, mais on verra les êtres les plus dépravés consoler de cette façon leurs bâtards adultérins et incestueux de l'ignominie de leur origine; et ce que nous annonçons comme possible, déjà un auteur l'a décidé comme probable et fondé en raison (1). Pourquoi, dira-t-on de même,

(1) *Observations sur le Code civil*, publiées à Avignon en 1804, par un jurisconsulte de Montpellier: au titre de l'*Adoption*. Ce jurisconsulte, qui annonçait assez d'instruction et de mérite personnels, pour qu'il pût se dispenser de suivre aussi constamment les opinions des rédacteurs du code civil, se fait illusion sur l'extrême danger de l'avis qu'il émet en faveur de l'adoption des bâtards, y compris les enfans adultérins et incestueux, en disant qu'il lui semble qu'il faut distinguer : si les enfans de cette dernière classe sont connus légalement pour tels, l'adoption ne pourra pas avoir lieu; si aucun acte légal ne prouve leur criminelle filiation, ils pourront être adoptés. Mais il est aisé de rétor-

l'auteur des jours, de ce malheureux enfant ne pourrait-il pas réparer, en quelque manière, le vice de sa naissance?

Avec cette déplorable sensibilité qui s'alarme pour quelques individus, et qui tue la société, qui peut dire à quel point on parviendra, par humanité, à désoler les familles, à corrompre les mœurs et à décourager du mariage, en en faisant, pour les hommes spécialement, un joug intolérable et ridicule, en même temps que le célibat, dont la licence sera couronnée et couverte par l'adoption, paraîtra le plus habile calcul, et la plus heureuse destinée? (1)

---

quer contre lui les raisons qu'il donne de sa distinction : elles prouvent trop ou trop peu dans son propre système. Si elles sont bonnes, elles militent également contre les bâtards simples reconnus; si elles ne valent rien contre ceux-ci, elles sont trop faibles, même contre les bâtards adultérins ou incestueux connus comme tels.

(1) Nous disons que les familles pourront être désolées. En voici un exemple. D'après l'art. 350 du code, l'enfant adoptif a sur la succession de l'adoptant, les mêmes droits que ceux qu'aurait l'enfant né en mariage, même quand il y aurait d'autres enfans de cette dernière qualité, nés depuis l'adoption; et comme l'enfant adoptif pourra être un bâtard du père commun, et même un bâtard adultérin, il faudra que, même en ce cas, il y ait concours de prétentions et de droits entre lui et les enfans légitimes.

« A dieu ne plaise, disait Montesquieu,
» que je parle contre le célibat qu'a adop-
» té la religion. Mais qui pourrait se taire
» contre celui qu'a formé le libertinage; ce-
» lui où les deux sexes, se corrompant par
» les sentimens naturels mêmes, fuient une
» union qui doit les rendre meilleurs, pour
» vivre dans celle qui les rend toujours pires?
» C'est une règle tirée de la nature, que plus
» on diminue le nombre des mariages qui
» pourraient se faire, plus on corrompt ceux
» qui sont faits; moins il y a de gens mariés,
» moins il y a de fidélité dans les mariages;
» comme lorsqu'il y a plus de voleurs, il y
» a plus de vols. » Liv. 23, chap. 21.

Heureusement, il est impossible que des principes destructeurs obtiennent un long triomphe : et grâces à cette providence qui a fait le monde, et qui décidera seule de sa dernière heure, les hommes ne vont jamais dans le mal, aussi loin que leurs fausses maximes devraient les pousser. Le nouvel ordre de choses amènerait insensiblement, nous n'en doutons pas, la réforme de cette jurisprudence désastreuse. Cependant, quand le mal est à ce degré, il y aurait plus que de l'imprudence à vouloir attendre le bienfait du temps; c'est alors que la loi doit aider à ses trop lentes opérations.

Nous osons donc provoquer, autant qu'il est en nous, une déclaration de l'autorité souveraine, qui termine promptement toute incertitude, et qui mette fin aux plus funestes abus, en défendant que l'adoption puisse jamais être faite par un père ou par une mère naturels, en faveur de leur bâtard, quel qu'il soit.

Nous croyons qu'il ne suffirait pas de proscrire l'adoption pour le cas où la filiation illégitime serait certaine et connue; mais que, sans renouveler les scandales des recherches de paternité, il faut tellement défendre l'adoption d'un enfant naturel, qu'une adoption fût nulle de droit, si, dans la suite, par une circonstance quelconque, le ministère public ou les parties intéressées acquéraient la preuve que l'adopté est l'enfant naturel de l'adoptant.

Enfin, puisque le tribunal qui doit homologuer l'acte d'adoption, est chargé de vérifier *si la personne qui se propose d'adopter jouit d'une bonne réputation*, (art. 355), nous souhaiterions que la faculté d'adopter, qui est une faveur extraordinaire de la loi, fût interdite à quiconque serait connu pour avoir un enfant naturel non légitimé par le mariage.

En un mot, nul individu ayant des enfans, ne pourrait adopter : s'il a des enfans légitimes,

parce

parce qu'il est injuste et odieux de faire concourir les enfans d'autrui avec ses propres enfans environnés de toute la faveur du mariage; s'il a des enfans bâtards, parce qu'alors il n'a pas donné assez de garantie à la société, pour l'éducation et les mœurs de l'enfant que l'adoption mettrait en sa puissance.

## CHAPITRE V.

### DE LA PUISSANCE PATERNELLE.

Ici encore, comme pour les lois fondamentales du mariage, la vérité ne se rencontre qu'à l'origine de toutes choses.

La première puissance qui ait été donnée à l'homme, est celle de l'homme sur la femme.

L'homme créé par un acte immédiat de la volonté de Dieu, ne dut rien qu'à Dieu seul. La femme, aussi créée de Dieu, mais formée de la substance de l'homme, se trouva, pour ainsi dire, du moment même et par le fait de son existence, redevable à Dieu et à l'homme tout ensemble. C'est ainsi que cet aide, semblable à l'homme, ne fut cependant pas son égal; et de là ces rapports d'une dépendance pleine d'amour et d'une infériorité sans honte, qui, fondés sur la nature des choses, se sont retrouvés dans toutes les législations, et dans les siècles les plus policés comme dans les temps les plus barbares.

Après cette première puissance, qu'un amour mutuel doit adoucir, mais qui ne sera jamais impunément abjurée, le second pouvoir qu'il fut donné à l'homme d'exercer fut le pouvoir paternel. Bientôt les rapports se multiplièrent; de ces relations diverses, naquirent de nouvelles harmonies avec de nouveaux devoirs, et tout l'ordre de la société humaine eut dès-lors ses principes et ses lois.

L'enfant, également formé de la substance de l'homme, et le fruit des longues douleurs de la femme, d'ailleurs l'ouvrage de Dieu comme le père et la mère qui sont les auteurs visibles de son existence; l'enfant vient au monde avec cette triple raison de son être et de tous ses devoirs. Honore ton père, dit la Sainte Ecriture, honore aussi ta mère, et n'oublie jamais ses douleurs : souviens-toi que c'est à eux que tu dois d'être né (1).

La source de la puissance paternelle est

---

(1) La Vulgate est admirable dans sa simplicité. Voici le texte de l'*Ecclésiastique*, chap. 7, v. 29 et 30. *Honora patrem tuum et gemitûs matris tuæ ne obliviscaris : memento quoniàm nisi per illos natus non fuisses...*

donc aussi pure, aussi ancienne, aussi sacrée, que la source même de la puissance de Dieu sur l'homme. C'est le don de la vie qui est le principe de l'une et de l'autre, et la soumission de l'enfant à son père et à sa mère, comme la soumission de l'homme à son créateur, est d'abord un acte de reconnaissance.

Ne nous étonnons plus si cette puissance paternelle, justifiée par de si nobles motifs, fut grande chez certains peuples, qui, après tout, n'eurent point sujet de s'en repentir (1).

---

(1) Nous ne pouvons nous défendre de citer une partie des observations de Pothier, sur cette antique jurisprudence, qu'on a trop calomniée. Après avoir rapporté la loi des douze tables, *Endo* (in) *liberis justis, jus vitæ ac necis, venundandique potestas, patri jus esto :* le savant auteur des Pandectes rappelle un passage de Denys-d'Halicarnasse, qui est comme le développement de cette loi. « Aliæ gentes modum patriæ potestati aliquem statuerunt. Scilicet qui varias græcorum respublicas constituerunt, prout ex Solonis, Pittaci et Charondæ legibus acceperant, alii post tertium pubertatis annum, alii quùm matrimonium contraxissent, alii quùm inter viros ad magistratus idoneos publicè relati essent, potestatem finierunt ; nec graviores in liberos contumaces pœnas parentibus permiserunt, quàm ut eos domo expellerent et exheredarent. » Romanis verò nihil est quod non permittatur in suos liberos, et hæc potestas in omne vitæ liberorum tempus durat, etiamsi rempublicam gererent magistratus ve

Déplorons plutôt son extrême affaiblissement parmi les nations modernes, et voyons dans les nombreuses atteintes qu'elle a reçues

---

summos. Filii-familias in magistratu positi « è suggesto de-
» tracti a patribus abducti fuerunt, pœnas eorum arbi-
» tratu daturi : quos, quum per medium forum abduce-
» rentur, nullus poterat eripere; non consul, non tribu-
» nus plebis, non ipsa turba cui illi assentabantur, licet
» aliam omnem potestatem suâ minorem existimaret. »

Il observe qu'un des motifs du législateur était sans doute d'encourager les citoyens au mariage, qui pouvait seul leur donner des enfans légitimes vis-à-vis desquels ils exerceraient à leur tour les augustes prérogatives du pouvoir paternel. Puis il ajoute :

« Ni la tendresse naturelle, ni les bonnes mœurs ne répugnaient à cet immense pouvoir attribué aux pères de famille; car il ne faut pas croire, comme quelques-uns se le sont follement persuadé, qu'il fût permis à un père de tout oser contre ses enfans, sans une juste cause. C'était une véritable magistrature qu'il était chargé d'exercer dans le sein de sa famille : c'était le droit de punir des coupables, après une information domestique, et suivant la nature et la gravité de leurs délits. Cette magistrature était au surplus une institution de la nature elle-même; elle remontait aux premières années du monde; et il était nécessaire qu'il en fût ainsi, lorsqu'il n'y avait encore ni lois civiles ni royaumes. Nulle autre autorité que l'autorité paternelle ne pouvait exister, puisque c'est la seule que la nature ait primitivement créée; et depuis que les limites des empires ont été tracées, que des lois ont été dictées, des magistrats établis, une des principales causes de tous les maux qui travaillent la famille et la société, malgré

---

pourquoi n'aurait-on pas confié, ou plutôt conservé aux pères, chacun dans sa famille, cet antique pouvoir, qu'on ne faisait pas difficulté d'accorder dans toute sa latitude à de nouveaux magistrats sur leurs concitoyens? On devait présumer que ce droit, tempéré par l'amour, n'excéderait point les bornes de la raison et de l'équité. Bien plus, un père n'est jamais tenu d'user malgré lui de ce droit du glaive, à la différence des magistrats que la nécessité de leur ministère ne laisse pas les maîtres de frapper ou d'épargner. La loi romaine ne commande pas aux pères de faire mourir leurs fils coupables, elle le leur permet seulement; les dispensant, à la vérité, de rendre compte de l'arrêt qu'ils auront prononcé, parce qu'elle suppose qu'il aura été dicté par la justice, et non par le caprice ou la haine ».

« La loi devait craindre au contraire que le plus souvent l'amour paternel ne fît grace. (*Nam pœnæ minimum, satis est patri*); et c'est pourquoi, outre la juridiction privée qui avait été laissée aux pères, les fils de famille étaient soumis, comme tous les autres citoyens, à l'autorité des magistrats, afin que ces deux puissances se prêtassent un mutuel secours, et que l'une réprimât ce que l'autre aurait pu négliger ou refuser de punir ».

« Aussi, la puissance paternelle étant appuyée sur ce double fondement du droit naturel et du droit civil, quel beau spectacle présentait dans ses premiers âges la république romaine, alors que ses mœurs n'avaient pas été corrompues par le luxe et la trop grande étendue de son empire!.... ».

l'immense avantage d'une religion, qui a rendu populaire la plus sublime et la plus sainte morale.

Personne ne proposera de faire revivre toute entière la première législation des Romains. Le droit de vie et de mort est pour toujours le redoutable attribut de l'autorité souveraine. Mais qu'il nous soit permis d'espérer que nos lois ne craindront pas de fortifier un pouvoir essentiellement bon, et qui, s'il était respecté, leur épargnerait à elles-mêmes tant d'inutiles rigueurs; une magistrature instituée par Dieu même, et le modèle de toutes les autres; la seule qui sache et qui puisse prévenir le mal, qui toujours veille et n'est point importune, qui découvre et n'est point odieuse, qui punit et n'est pas moins aimée; une magistrature si sévère, mais si tendre; si auguste, mais d'un commerce si commode; tellement exigeante qu'un mot la blesse, mais d'une telle indulgence qu'aucun attentat ne l'a trouvée inexorable; cette magistrature, enfin, dont les destinées semblent être liées à celles des empires, tant elle a eu de force dans leurs jours de grandeur, tant elle a été faible et énervée dans les jours de leur décadence (1).

(1) L'exemple de Rome est frappant : l'histoire de notre révolution en offre un qui ne l'est pas moins. La

Au reste, la réforme a été commencée par le code civil, espérons qu'elle s'achèvera.

Du moins, il ne serait plus vrai de dire aujourd'hui, pour aucune partie de la France, ce que Loysel enseignait, comme un principe certain, dans ses institutes coutumières : *droit de puissance paternelle n'a lieu.*

A la vérité, si nos pays de coutumes avaient en général détruit la puissance paternelle, les pays de droit écrit l'avaient maintenue plus forte que le code ne l'a constituée; et pour eux, la législation a été affaiblie plutôt que fortifiée.

Voici comment une des principales cours des pays méridionaux de la France exprimait, à cet égard, ses regrets et ses vœux (1).

« La puissance paternelle est dans la famille, ce que le gouvernement est dans la société; l'une gouverne par les mœurs, et l'autre par les lois. Si le maintien de l'ordre

même année 1792 vit abolir la puissance paternelle (décret du 28 mars, cité par M. Malleville), anéantir l'autorité royale (attentat du 10 août, et loi qui décrete la république), et dégrader par le divorce la puissance maritale. (Loi du 20 septembre). Tout ce qui est ordre et pouvoir, souffre toujours à la fois.

(1) Observations des tribunaux d'appel sur le projet de Code civil, publiées en l'an IX (1801).

» social dépend de la force du gouverne-» ment, le maintien de l'ordre domestique » ou le bonheur des familles tient aussi à l'ef-» ficacité de la puissance paternelle. La loi » politique ne saurait donc lui donner trop » de ressort, surtout dans les états libres, où » les mœurs sont le supplément des lois et » préparent l'obéissance (1).

» Pourquoi la majorité des enfans, ou leur » émancipation anéantit-elle jusqu'au plus pe-» tit effet de la puissance paternelle? si jusque-» là elle a été pour eux un bienfait, elle de-» vrait être ensuite un motif de reconnais-« sance, d'égards et de respect de leur part » envers leur père. Ce motif leur impose la » nécessité de demander le consentement du » père à leur mariage, à quelqu'âge qu'ils » le contractent (2), sauf à passer outre après

---

(1) On conviendra sans peine aujourd'hui, que dans toute espèce de gouvernemens, hors le gouvernement despotique qui n'en est pas un, puisqu'il est contre nature, *les mœurs doivent être le supplément des lois, et préparer l'obéissance*. D'ailleurs, quel état mérite mieux le nom d'*état libre*, que celui où règnent les lois d'une véritable monarchie? Ainsi la puissance paternelle n'y est pas moins utile, que dans les républiques.

(2) Le Code n'avait d'abord obligé les majeurs de vingt-cinq ans, à demander le conseil de leurs père et

» le refus qui suivrait les sommations respec-» tueuses. L'expérience a appris l'efficacité de » pareilles mesures, qui ne sont jamais à né-» gliger pour les mœurs. C'est par de sem-» blables moyens qu'il faut tâcher de con-» server l'ombre de l'autorité tutélaire des » familles, et de maintenir les enfans dans la » dépendance respectueuse de leur père, après » qu'ils ne sont plus dans sa dépendance » réelle ».

« Mais le moyen le plus efficace pour main-» tenir les enfans dans le lien de cette double » dépendance jusqu'à la mort du père, serait » de mettre entre les mains de celui-ci la » foudre de l'exhérédation (1).... Pourquoi » l'enfant qui a été l'opprobre ou le tourment » d'une famille, et dont la conduite présente » une chaîne de désordres et d'actions dés-» honorantes, aura-t-il le même droit que

mère, que jusqu'à l'âge de trente ans. Une loi postérieure de 1804, et qui fait partie du code actuel (art. 153), leur prescrit cette demande à tout âge.

(1) La loi des douze tables faisait de la dernière volonté du père de famille une loi absolue et sacrée. *Pater familias uti legassit, ita jus esto.* Mais cette entière liberté fut bien diminuée par la suite. On peut voir dans les Novelles de Justinien, dans Domat, au titre *du Testament inofficieux*, dans Lacombe, au mot *exhérédation*, pour

» l'enfant honnête et soumis, au patrimoine » d'un père dont il aura compromis la tranquillité ou abrégé les jours? Pourquoi faut-il qu'il ressente les mêmes effets de la bienfaisance paternelle dont il est si indigne? » Pourquoi faut-il enfin que la vertu et le » crime concourent aux mêmes bienfaits ou » aux mêmes avantages? Lors-même que la » succession paternelle serait un pur bienfait de la loi, la loi ne devrait-elle pas l'en » priver comme indigne? Non, l'enfant qui » a fait couler les larmes de son père, ne doit » pas partager ses faveurs avec celui qui les » a essuyées; et celui qui a dévoré le patrimoine de ses pères, cesse d'y avoir un droit » égal à celui qui a travaillé à l'augmenter ».

« Peut-on douter, qu'armée d'un tel pouvoir, la puissance paternelle n'obtienne de » la crainte, ce qu'elle ne peut pas toujours » attendre de l'amour? Il faudrait moins connaître l'homme, pour ne pas sentir com-

---

quelles causes le dernier droit permettait aux pères, mères, et autres ascendans, d'exhéréder leurs enfans. Domat observe que toutes ces causes étaient indistinctement réputées *causes d'ingratitude* : « Car le devoir des » enfans envers leurs parens renferme l'éloignement de » tout ce qui peut justement attirer sur les enfans la colère des pères ».

» bien son intérêt doit le toucher. La peine » ou la récompense sont le puissant ressort » de ses actions, plus encore que l'amour de » ses devoirs ; on est le plus souvent ramené » à ce sentiment par ces deux mobiles. L'en- » fant qui craindra la peine de l'exhérédation, ne secouera donc pas le joug de la » soumission et de l'obéissance, ou s'il le « secoue, il y sera ramené. Le père sera servi » et honoré, et l'enfant contractera les heu- » reuses habitudes qui forment les mœurs » privées et publiques ».

» Ce n'est que l'abus que le père peut faire » de l'exhérédation qui a fait illusion à la » philosophie, et lui a fait proscrire mal-à- » propos ce remède. Prévenons donc l'abus, » et que ce remède subsiste. Dans cette vue, » la loi doit déterminer et préciser les cas » où l'exhérédation peut avoir lieu : un con- » seil de famille sera le jury qui établira l'exis- » tence du cas, et le père sera le juge qui, » en appliquant la loi, prononcera l'exhéré- » dation. Il ne pourra être alors ni capricieux » ni injuste, et le fils n'aura à craindre que » ses propres désordres, ses écarts criminels ; » ou pour mieux dire, ses désordres et ses » écarts affligeront moins les familles, parce » qu'ils seront plus rares. »

Nous partageons entièrement ce vœu des magistrats de Montpellier. Nous pensons que le droit de l'exhérédation, et d'une exhérédation totale, qui pourrait, dans des cas très-graves, aller, comme autrefois, jusqu'à refuser des alimens sur la succession paternelle ou maternelle, est un remède nécessaire et le seul efficace pour un trop grand nombre d'hommes.

Nous pensons que le code a été loin de mettre dans les mains des pères et mères une arme assez puissante, quand il leur a permis, à l'exemple de notre ancienne législation française et de la législation romaine dégénérée, de disposer d'une portion déterminée de leurs biens au préjudice de leurs enfans; car il n'a fait, en d'autres termes, qu'assurer par là aux enfans une portion déterminée des biens de leur père et de leur mère; et il la leur assure comme un droit incontestable, comme une dette nécessaire, quelle qu'ait été leur conduite envers l'un ou envers l'autre, hors deux cas qui révoltent trop la nature pour n'être pas très-rares (1).

---

(1) « Sont indignes de succéder, et comme tels exclus des successions, 1°, celui qui serait condamné pour avoir donné ou tenté de donner la mort au défunt; 2°, celui qui a porté contre le défunt une accusation capitale jugée calomnieuse.... » (art. 727). Nous ne pouvons

Qu'on veuille bien remarquer le grave inconvénient qui résulte de cette fixation d'une légitime obligée en faveur des enfans. Plus le père aura de fortune, plus la portion légitimaire sera considérable; donc l'audace et le libertinage des enfans, dont le cœur sera mal placé, pourront croître impunément, en raison directe de la valeur du patrimoine que leur promet la mort de leur père. Assurés qu'ils sont de recueillir un jour, en dépit de

---

nous empêcher de faire encore un rapprochement, qui ne sera pas à l'avantage de nos lois ni de nos mœurs. *Filio semper honesta et sancta persona patris videri debet*, disait la loi 9. ff. *de obsequiis parent.* De ce principe, que nous avons nous-mêmes retracé dans notre code (art. 371), les jurisconsultes Romains avaient conclu que les enfans devaient donc s'interdire vis-à-vis de leur père et de leur mère toute action qui pourrait les exposer à rougir, *vel pudorem sugillare* (L. 2 et 5. *dict. tit.* L. 4. ff. *de in jus voc.* etc. etc.); lors même que les pères et mères auraient usé envers les enfans d'injures ou de violence (L. 1. ff. *de vi*). Et nous, si délicats sur l'honneur, nous nous bornons à venger le père qui aura eu la douleur de se voir traîné devant la justice criminelle par un infâme calomniateur, son propre fils. Nous ne permettons pas à ce monstre de venir encore disputer sur le tombeau de son père une portion de ses dépouilles, et nous croyons avoir assez fait pour cette puissance paternelle, que les anciens appelaient aussi une majesté, *paterna majestas*.

son juste courroux, et concurremment avec leurs frères soumis et vertueux, le prix de ses longs travaux, que leur importent, et la bonne conduite, et la piété filiale, et des cheveux blancs déshonorés, et leur propre jeunesse livrée en proie à toutes les passions? Ils dévorent d'avance cette portion des biens paternels qui ne peut leur échapper; ou ils l'attendent avec une horrible impatience, comme la ressource de leurs premières dissipations et l'infaillible moyen de se consoler de tout. Ainsi l'ingratitude et les mauvaises mœurs se voyent favorisées par les lois; et plus fortement encore, dans ces conditions de la société, où l'exemple, partant de plus haut, fait inévitablement le plus de mal quand il est donné par le vice, comme le plus de bien quand la vertu le donne.

Nous savons tout ce que nous heurtons ici, de lois et d'opinions reçues.

Déjà nous entendons répéter ces déclamations banales contre les pères capricieux ou séduits, les pères injustes ou aveugles, les pères dénaturés enfin. On ne saurait admettre que ceux qui ont donné la vie, deviennent les maîtres de donner pour ainsi dire la mort, en privant leurs enfans de tous les moyens de soutenir leur existence. Bientôt, on se figure les familles illustres réduites à l'indigence et à l'obscurité, les familles pauvres condamnées à périr, et l'on frissonne de songer que les auteurs de tant de maux seraient les chefs mêmes de ces familles.

Mais, de bonne foi, énonce-t-on sérieusement de pareilles alarmes; et à qui prétend-on faire honte ou honneur? Si dépravée que puisse être la nature humaine, n'est-ce point la calomnier, que d'oser présenter à des législateurs ce triste tableau où tout est peint de si sombres couleurs, les pères et mères comme les ennemis présumés des enfans, et les enfans comme les victimes probables d'une loi qui permettrait de punir les ingrats et les rebelles?

C'est néanmoins, en dernière analyse, la grande, la seule objection qui ait été faite contre la puissance paternelle. On craint l'extrême rigueur, quand il est évident que l'extrême indulgence est seule à redouter.

N'y a-t-il donc point, d'ailleurs, dans les devoirs mêmes des pères et mères, d'assez grands motifs comme d'assez grands moyens de sécurité? Plus serait étendu le pouvoir que la loi attribuerait aux pères sur leurs enfans, plus serait inexcusable le mauvais gouvernement d'une famille, plus serait sévère le compte que la société aurait droit d'exiger;

car c'est justice et raison d'augmenter les charges, quand les droits et les bénéfices augmentent. Et pour nous borner à un point capital dans une matière si vaste, la loi ne pourrait-elle pas insister davantage sur l'indispensable devoir de procurer aux enfans une éducation qui les mette en état d'acquitter leur dette envers la patrie, et au besoin, de se suffire à eux-mêmes? Ne pourrait-on pas en faire un précepte aussi sacré, aussi impérieux que celui de la nourriture et de l'entretien? Pourquoi ne punirait-on pas rigoureusement un père de famille, qui serait convaincu d'avoir négligé l'éducation, comme on punirait le refus barbare des premiers alimens? Serait-elle impossible, ou sans effet, l'institution d'un tribunal domestique, qui serait une sorte de censure pour tous les membres de la famille? tout jeune homme qui atteindrait l'âge de 18 ans, terme extrême de l'éducation de l'enfance, comparaîtrait à ce tribunal; on y informerait de sa conduite habituelle; on informerait aussi des soins que les père et mère auraient pris, des moyens qu'ils auraient employés, suivant leur état social et leur fortune particulière, pour procurer à leurs enfans cette seconde vie, sans laquelle la première est un fardeau et un malheur. S'il était démontré que

les

les père et mère ont rempli autant, qu'il dépendait d'eux, la plus essentielle de leurs obligations, et qu'on doit imputer à l'enfant l'inutilité de leurs efforts, la justice, saisie alors de la plainte du tribunal de famille, ne pourrait-elle pas ordonner que l'enfant ne pourra point recevoir la faveur de l'émancipation, qu'il ne jouira point de tel ou tel droit attaché à la majorité, du moins jusqu'à ce qu'il ait satisfait, par son travail et sa conduite, à ce qu'il se doit à lui-même. Si l'on reconnaissait au contraire que cet état de nullité morale où se trouve le jeune homme, doit être imputé aux père et mère, ne pourraient-ils pas être punis, suivant les circonstances, par une de ces peines, la perte de tout droit utile de la puissance paternelle, la privation de quelques-uns des droits politiques ou civils, une forte amende qui serait employée, sous la surveillance d'un conseil spécial, à réparer vis-à-vis de l'enfant l'irréparable dommage que lui aurait causé l'insouciance de ses parens?

En deux mots, remettre les pères et mères en possession du pouvoir qu'ils tiennent de Dieu et de la nature; assurer aux enfans, après le bienfait de la vie, le bienfait non moins précieux d'une bonne éducation; telles sont peut-être les deux lois les plus importantes qui puissent être données à des peuples éclairés, et les plus propres à affermir le règne de la religion et des mœurs.

Nous n'entrerons point dans le détail des dispositions du code sur la puissance paternelle, ni des améliorations dont elles nous paraissent susceptibles. Nous sentons que nous avons à peine ébauché un si riche sujet; nous sentons mieux encore les difficultés qui nous resteraient à vaincre, pour approfondir ce que doit être la puissance paternelle, considérée à l'égard des mineurs et des majeurs, avant et après le mariage, par rapport aux personnes, et par rapport aux biens. De plus habiles que nous, iront plus loin (1). Nous souhaiterions seulement n'avoir pas rappelé en vain quelques-uns des principes généraux qui doivent gouverner cette partie de la législation ; avoir fait sentir que la société doit moins redouter les torts de l'âge mûr, que les erreurs de la jeunesse, et songer à réprimer l'indépendance des enfans, plutôt que le despotisme des pères, ou le courroux des mères.

---

(1) Ils trouveront des faits précieux et les plus judicieuses observations dans l'ouvrage que M. de Nougarède, baron de Fayet, aujourd'hui conseiller titulaire de l'Université, et président de la cour royale de Paris,

---

Nous avions dessein d'examiner sous le même point de vue d'autres parties de la législation. Le deuxième et le troisième livres du code civil, quoiqu'ils s'occupent directement des biens et non des personnes, nous semblent prêter aussi à des réflexions qui ne seraient pas étrangères à l'ordre public, à la religion et à la morale.

Nous avons retrouvé la monarchie, et dès-lors il est permis d'examiner si nos lois doivent proscrire à jamais ces anciennes distinctions de l'origine des biens, et tous ces moyens, inventés, comme le dit Montesquieu, pour perpétuer la grandeur des familles (2).

Dans l'état actuel de la société, où le luxe est devenu le premier besoin de toutes les conditions, et où tout est sacrifié aux jouissances du moment, nous voyons les fortunes s'évanouir, les patrimoines se fondre avec une effrayante rapidité. Dans cet état de nos mœurs, au milieu des ravages que causent la passion

---

publia en 1801, sous le titre modeste *d'essai sur l'Histoire de la Puissance paternelle.*

(2) Esprit des Lois, liv. 5, ch. 8 et 9.

du jeu et tant d'autres passions, ne serait-il pas à-propos de montrer combien les pères et mères, mariant leurs enfans, auraient de motifs de préférer le régime dotal, essentiellement conservateur, au régime de la communauté, qui laisse aux deux époux la dangereuse facilité de se concerter pour tout perdre?

Enfin, l'usure qui a de tout temps excité la sollicitude des législateurs, et que la religion a toujours frappé de ses anathêmes, l'usure, et l'usure la plus illimitée (1), déshonore cette législation française qui, graces à la sage piété de nos rois et à la fermeté de leurs parlemens, l'avait si constamment repoussée jusqu'à l'époque où tous les principes furent méconnus et foulés aux pieds. Il serait bon cependant d'examiner lequel de ces trois partis convien-

(1) Il est permis de stipuler des intérêts pour simple prêt, soit d'argent, soit de denrées ou autres choses mobiliaires. L'intérêt est légal ou conventionnel; l'intérêt est fixé par la loi. *L'intérêt conventionnel peut excéder celui de la loi, toutes les fois que la loi ne le prohibe pas*... (art. 1905 et 1907). Une loi du mois de septembre 1807 mit, il est vrai, des bornes aux monstrueux excès que les usuriers ne tardèrent pas à se permettre; mais depuis, deux décrets publiés au mois de janvier de cette année, ont rétabli ce honteux commerce dans toute sa licence. (*Voy.* le Bulletin des lois, n° 554).

drait mieux à la noble nation des Francs (1), ou de laisser subsister la liberté indéfinie que donne le code civil par rapport à la stipulation des intérêts pour prêt ; ou de se tenir à la législation de 1789, qui permit cette stipulation, mais en posant certaines limites ; ou de revenir à nos anciennes lois, qui, sous Louis XIV comme sous Charlemagne, au dix-septième siècle comme au huitième, semblaient rougir de ce genre de spéculation et de trafic, que Pline l'ancien appelait avec une si heureuse énergie, une oisiveté féconde, *quæstuosa segnitia* (2).

Mais nous avons cru qu'il était sage de borner ici notre première course sur une mer semée d'écueils : nous avons donc jeté l'ancre, en attendant le jugement que prononcera le

---

(1) Fœnus agitare et in usuras extendere, ignotum ; ideòque magis servatur, quàm si vetitum esset. Tacite, *de Morib. Germ.*

(2) Nous déclarons d'avance, et pour écarter certaines objections qu'on a coutume de faire en faveur du prêt à intérêt, que nous tombons d'accord de deux principes : l'un qu'il est impossible, dès qu'une société politique est parvenue à connaître l'agriculture, l'industrie, les arts, le commerce, que cette société subsiste, sans qu'il y ait des citoyens qui aident de leurs capitaux d'autres citoyens ; l'autre, que cet usage des capitaux d'autrui ne peut ni ne doit être gratuit.

public, s'il daigne s'occuper de ce premier essai ; tout prêts à rentrer au port, et tout prêts aussi à remettre à la voile, et à dire comme Teucer :

*Cràs ingens iterabimus æquor.*

---

*Note sur la page 27.*

Au lieu de cette dernière phrase : *Ce fut une chose monstrueuse, d'ériger en loi civile la réception* d'un sacrement, nous aurions dû dire : *Ce fut une chose monstrueuse, d'ériger en loi civile la réception* du sacrement de mariage.

L'autre proposition est trop générale.

En effet, l'un des sept sacremens que reconnaît l'église catholique pourrait très-bien être l'objet d'une loi civile dans tous les états chrétiens. Nous voulons parler du sacrement de baptême ; sacrement qui, d'après les principes de la religion, et chez les protestans comme chez les catholiques, réunit ces deux caractères, d'être d'une nécessité indispensable pour tous les hommes, et de pouvoir, à cause de cette nécessité même, être conféré à l'enfant qui vient de naître.

La loi qui ordonnerait que tous les enfans fussent présentés au baptême, n'aurait donc rien d'extraordinaire ; et il serait aisé d'en assurer l'exécution, en disant que les officiers civils devront exiger la représentation des actes de baptême, avant de faire aucune inscription sur les registres de naissance.

FIN.

## *ERRATA.*

*Page* 50, *ligne* 10, *au lieu de* Hérennius, *lisez* Heineccius.

*Id.*, *lig.* 22, au lieu de *quid*, lisez *quod*,

*Pag.* 53, *lig.* 6 de la note, au lieu de *cum*, lisez *eum.*

*Pag.* 56, *lig.* 2, au lieu de *evenium*, lisez *eveniunt.*

*Pag.* 61, *lig.* 4, au lieu de *diligente*, lisez *diligenter.*

*Pag.* 61, *lig.* 10, *au lieu de* légimité, *lisez* légitimité.

www.ingramcontent.com/pod-product-compliance
Ingram Content Group UK Ltd.
Pitfield, Milton Keynes, MK11 3LW, UK
UKHW021223230726
13926UKWH00003B/1194

9 782014 092493